222
Ideen
für Advent & Weihnachten

Klaus Wagener
Susanne Mansfeld

"Morgen, Kinder, wird's was geben"...

Vorfreude ist die schönste Freude, liebe Leser. Vorfreude ist es auch, was den Advent so einzigartig und aufregend macht: Jeden Tag füllt sich das Haus mehr mit dem **Duft** von frisch Gebackenem, mit heimlichem **Geflüster** und dem Rascheln von Geschenkpapier, mit Tannenduft und **Kerzenlicht.** Die schönsten Ideen zum Dekorieren und Schenken haben wir für Sie gesammelt und laden Sie ein, mit uns die Vorfreude zu **genießen** und ein wunderschönes Weihnachtsfest zu **feiern.**

Dekorieren

Herzlich Willkommen!	8
Licht im Advent	14
Blühende Sternstunden	36
Geliebte Poinsettie	40
Festliches Alpenveilchen	50
Blühwunder Amaryllis	60
Advent im ganzen Haus	68
Bäume im Miniformat	82

Schenken

Jeden Tag ein Türchen	96
Guter alter Nikolaus	104
Prachtsträuße zum Fest	116
Das macht Freude!	128

Feiern

Die erste Kerze brennt …	144
Tischlein deck dich!	164
Oh Tannenbaum …	182

Dekorieren

Herzlich Willkommen!

Da klopfen Nikolaus & Co. gerne an. Festlich und liebevoll geschmückte Türen wirken einladend und signalisieren schon vor dem Eintritt: Wir genießen die festliche Zeit, kommt doch herein! Klassisch oder ausgefallen, diese Ideen inspirieren zum Nachmachen.

Hier war wohl schon der Nikolaus! Seine rote Mütze hat er mit Taxus, Zieräpfeln, Zapfen und Holzsternen gefüllt und alles auf eine Basis aus Trockensteckschaum gegeben, damit's gut hält und nichts verrutscht.

Ein Griff in die Wunderkiste und der Türkranz ist schon fertig. Bunter Glasschmuck, Zapfen, Wolle und Bänder: In Rosarot passt alles prima zusammen und weckt kindliche Vorfreude.

Zuckersüß, dieser Willkommensgruß an der Tür! Ein schlichter Kranz aus Scheinzypresse ist die Basis, auf der ein wollig umwickelter Pappreif sitzt, verziert mit Lebkuchen und Keksen, einfach allem, was die Weihnachtsbäckerei so hergibt.

Achtung, hier kommt die Sternenbande! Moosumwickelte Pappsterne, Filzsterne und Exemplare, die aus Wachsplatten ausgestochen wurden, baumeln gemeinsam mit Zapfen und den Früchten der Lampionblume an bunten Bändern und schmücken Türgriff oder Fensterknauf.

Hinter dieser Tür wohnt auch im Advent das Glück. Ein Drahtring ist mit Koniferengrün und rotem Draht umwickelt. Er bildet den Rahmen für den Fliegenpilz aus Filz und seine kleinen Freunde aus Pappmaché.

Hmm, viele vorweihnachtliche Köstlichkeiten schmücken den üppigen Buchskranz: gezuckerte Äpfelchen, Nüsse, Mandeln und Süßigkeiten. Ein optischer Genuss wird's mit Holzsternen und matten Kugeln.

TIPP

★ Mit Zucker zaubern Sie ganz einfach einen eisig glitzernden Hauch auf frische Früchte: Pinseln Sie Äpfelchen mit Eiweiß ein und bestreuen Sie das Obst anschließend mit Zucker. Trocknen lassen und schon ist der eisig-frostige Dekolook fertig.

★ Statt echter Äpfel oder Beeren können Sie auch künstliches Obst mit einem winterlichen Hauch überziehen: Dafür sollten Sie die Früchte vorher mit Sprühkleber versehen und dann mit Zucker bestreuen. Schön in Kränzen und Gestecken oder zwischen Kerzen auf dem gedeckten Tisch.

Ton in Ton kommen Stoff-, Woll-, Bänder- und Spitzenreste ganz groß raus! Sie werden ganz einfach um den Kranzrohling geknotet. In die Mitte noch einen dünnen Kranz aus Koniferengrün und fertig ist der liebevolle Gruß am Eingang!

Licht im Advent

Kerzen vertreiben die Dunkelheit und zaubern im Nu Wärme und Geborgenheit an einem ungemütlich kalten Wintertag. Diese Ideen setzen leuchtende Signale, verjagen die vorweihnachtliche Hektik und bringen Stimmung ins Haus, natürlich, elegant oder fröhlich bunt.

Goldgelber Apfel, goldene Kerzen. Metallhalter mit Dorn, die in der Frucht stecken, machen diese Eyecatcher möglich. Kränzchen aus Koniferengrün sorgen dafür, dass nichts wegrollt.

Das lagert alles im Weihnachtsfundus: Alte Kugeln ohne Aufhänger, Christbaumkerzen vom vergangenen Jahr, Tontöpfe und Reste von Samtband. Gewürznelken machen die Deko standfest.

Der Charme liegt im Detail: Auf goldglänzenden Kugeln sitzen Christbaumkerzen in Haltern, die mit Dorn befestigt sind. Als Basis dient Steckschaum, der mit duftendem Zimt verkleidet wurde. Kränzchen aus Tannengrün und Band setzen Akzente.

Prächtiger Glimmer und Engelshaar stellen den Kerzenschein fast in den Schatten. Bei der Dekoration dieses goldenen Exemplares kommt alles zum Einsatz, was die Weihnachtsschublade an Prachtvollem und Schimmer zu bieten hat.

Glitzer in Klein: Die Bündel aus gebleichten Zapfen und Kiefernnadeln sind mit Goldband umwickelt. Schnell gemachter Kerzenständer für goldenes Licht und besonders als Gruppe wirkungsvoll.

Stumpenkerzen ganz natürlich: Die rustikalen Kerzenständer aus Koniferengrün, dünnen Ästen, Kiefernnadeln und Zapfen sind schnell selbst gemacht, indem die Materialien um einen Block aus Steckschaum gelegt und mit dekorativem Band fixiert werden. Die Kerze wird einfach festgesteckt. Als Viererkombi auch eine Alternative zum klassischen Kranz.

Die Kugel aus Moos und Zweigstücken hat eine Basis aus Steckschaum, die unten abgeflacht wird, damit der Leuchter sicher steht. Als Pendant zur langen weißen Kerze strahlt eine weiße Christrose, die in einem Orchideenröhrchen frisch gehalten wird.

Mitbringsel vom Spaziergang im Winterwald: In das Stammstück wurde ein Loch gebohrt und ein Splitstab gesteckt, der die Kerze hält. Der dabei entstandene Zwischenraum wird dekorativ mit Kiefern, getrockneten Zweigen und Zapfen ausgefüllt.

Das fröhlich bunte Trio macht Adventslaune! Stoff- und Bandreste verbergen Dosen. Kerzen, Koniferengrün und Accessoires sitzen in Steckschaum. Wichtig ist, die Farben aufeinander abzustimmen.

TIPP

★ Bestücken Sie einen Kerzenhalter mit Dorn mit einer Christbaumkerze und bohren Sie den Dorn durch einen Dekostern.

★ Stecken Sie beides einfach auf eine Garnrolle. Mit einem Kränzchen aus künstlichem Tannengrün versehen, wirkt's besonders weihnachtlich.

★ Spielen Sie mit Farben, klares Rot mit Grün und Gold sorgt für klassischen Adventslook, Ton in Ton wirkt's edel und ganz bunt kindlich und verspielt.

Wer hat denn da aus dem Nähkästchen geplaudert? Die ungewöhnliche Kerzenidee aus Garnrollen macht nicht nur Hobbyschneiderinnen Spaß, sondern ist ein Spaß für alle, die es auch im Advent originell und ausgefallen lieben. Besonders wirkungsvoll sind die Kerzenständer als kleine Gruppe.

Halten fest zusammen: Vier Porzellantöpfchen, zwei davon mit Kerzen und Buchs gefüllt, die anderen mit Winterapfel, werden mit Filz, kariertem Band und Dochtwolle umwickelt. Alles in Rosa, Weiß und Rot.

TIPP

★ **Aus dem Backofen in die Dekoration: Herzen aus Lebkuchenteig geben der Weihnachtsdeko vom Adventskranz bis zum Tannenbaum einen kindlich verspielten Look und verströmen verführerischen Duft. Wer nicht selbst backen will, kauft fertige Kekse, sogar mit Loch für Band.**

★ **Zum Vernaschen schön: Tischkärtchen aus Lebkuchen oder Keksen. Schreiben Sie mit Zuckerschrift den Namen des Gastes auf das Gebäck und knoten Sie ein Bändchen, passend zur Tischdeko, daran. Wetten, dass die Gäste gleich mal daran knabbern?**

Licht im Topf, schnell verhüllt mit Papier- und Bandresten. Um die dicke rote Kerze sorgen Buchsbaum, Koniferengrün sowie rote und rosafarbene Accessoires für den verspielten Look. Alles sitzt fest und sicher in Steckschaum, der zuvor in den Topf gegeben wurde.

In der Weihnachtsbäckerei freut man sich über stilechte Kerzendeko! Koniferengrün in Steckschaum befestigt, umrahmt die Kerze und lässt die mit Zauberwatte gefüllten Förmchen wirken.

Zuckerbäcker freuen sich über eine Kerze in Ausstechern, die mit Granulat, Beeren und Moos gefüllt sind und denen Bandreste den letzten Pfiff geben. Danke fürs Plätzchen backen!

Natur trifft modernes Design. Eine Allianz, bei der ruhige Adventsstimmung entsteht. Der Würfel aus Koniferengrün und Steckschaum wird mit apfelgrünen Kerzen, Filzband und einem Stern kombiniert.

Sternenglanz und Tannengrün! So eine außergewöhnliche Kerze wirkt am besten, wenn Sie mit natürlichen Materialien kombiniert wird. Bunt durcheinander sind Moos, gebündelte Kiefernnadeln, Zapfen, Zimtstangen und Zieräpfel auf einem Steckschaumwürfel gesteckt und machen Lust auf Weihnachten im Countrylook.

Frisches Grün und warmes Orange – natürlicher Advent mal ganz modern. Auch hier ist Steckschaum die Basis für einen Streifzug durch die winterliche Natur mit aromatisch duftendem Koniferengrün und leuchtend roten Beeren. Der weihnachtliche Stern aus Papier darf nicht fehlen.

Wie die Würfel fallen: Gebleichtes Holz mit Kordel umwickelt und Steckschaum mit Silberblatt besteckt sind die Materialien für die Würfel, die die cremefarbene Kerze flankieren. Ein Kiefernzweig setzt einen grünen Akzent und sorgt für weihnachtliches Flair.

Glanz und Glamour machen sich auf dem einfachen Kranz breit, der mit einem Bändermix umwickelt wurde. In seinem Zentrum steht ein Windlicht aus Milchglas, das sanften Schein verströmt.

Wer ein Faible für barocke Formen hat, wickelt Tontöpfe in schimmernde Stoffe und verziert sie mit Poesiealbumbildern. Beeren, Schleierkraut und Olivenlaub umrahmen die Kerzen.

Winterwald im Kerzenschein! Birkenäste werden zu Kunstwerken mit Silberblatt, Moos, Silberglitter, Flechten, Band und Wolle. Eine Idee für modernen, geradlinigen und dennoch edlen und festlichen Adventsschmuck.

Hier darf mit der Fantasie gespielt werden! Um den Rand des Glases ist ein Kragen gewoben aus zarten Zweigen, Beeren und Blättern. Gehalten werden die Floralien von Silberdraht, der mit transparentem Japanpapier um ein schlichtes Glas gewickelt wurde.

Wie eine Kostbarkeit präsentiert sich die silberne Kerze auf einer mit Wacholderbeeren besteckter Steckschaumkugel. Drumherum liegt ein Tillandsienkränzchen, das den Silberton der Kerze aufnimmt.

Farbpower für Nikolaus und Christkind. Kräftig rotes Band mit himmelblauen Akzenten, rote Stabkerzen und, weil Advent ist, Kiefernnadeln sorgen für einen neuen Look. Das Band ist einfach um alte Dosen geklebt, die Kerzen sitzen in Steckschaum.

Wer hat denn das verzapft? Zapfen zu Kerzenhaltern umzufunktionieren und das dann noch in der poppigen Farbkombi Rot, Pink und Türkis – das lässt eine frische Brise durch die heimische Adventsdeko wehen.

Orientalische Träume blitzschnell realisiert! Brokatband wird um ein kleines Glas geklebt, die Kerze eingestellt und von Kiefernnadeln und bunten Holzspänen umgeben. Perlen bringen festlichen Glanz.

Weihnachten für Weltenbummler! Auf einem Tablett ist allerhand Exotisches, wie Orchideenblüten und Fruchtschoten, mit vergoldeten Zapfen versammelt. Blitzschnell gemacht und so richtig wirkungsvoll!

TIPP

★ **Sie lieben es exotisch und die klassischen Blüten der Weihnachtszeit sind nicht Ihr Ding? Kein Problem, denn auch wenn Anthurien, Strelitzien, Gloriosen oder Orchideen nicht aus unseren Breitengraden kommen: Mit einem Hauch Gold und bunten Weihnachtskugeln passen sie in die Adventszeit.**

★ **Die grazile Blüte der Ruhmeskrone oder Gloriose ist auch einzeln ein Hingucker. Stellen Sie sie in eine bunte Christbaumkugel, von der Sie vorher den Aufhänger entfernt haben.**

So strahlt die coole Xmas-Party! Kunterbunte Bündel aus Holzstäben halten einfache rote Stabkerzen. Ein Bund Kiefernnadeln, Glimmerband und wippende Sterne sind auch schon richtig gut drauf!

Blühende Sternstunden

Auch Topfpflanzen lieben's festlich. Mit einem neuen Outfit im Sternenlook hüllen sie sich ganz im Trend der Saison und machen in der Adventszeit und an den Feiertagen eine gute Figur. Viele tolle Ideen, um das Blumenfenster in die richtige Stimmung zu bringen!

Ein herrlich weihnachtlicher Duft umweht das Alpenveilchen im Sternenlook. Dafür wird aus Styropor ein Stern mit Loch ausgeschnitten und mithilfe von Sprühkleber der Zimt aufgebracht. Zum Schluss wird der Stern vorsichtig über die Pflanze gestülpt.

Die Azalee hat sich zum Fest fein gemacht und mit gemahlenem Zimt beduftet. Die Sternenform aus Styropor wird erst mit Sprühkleber benetzt, dann mit Zimt bestäubt und anschließend über die blühende Pflanze gestülpt.

Kuschelig und warm eingepackt und dennoch sehr adrett präsentiert sich dieser Weihnachtstern in einer Sternenmanschette aus rosafarbener Sisalfaser. Darunter verbirgt sich feinmaschiger Draht, der sich leicht formen lässt und Halt gibt.

TIPP

Ein gewöhnlicher Übertopf ist Ihnen für Ihre winterliche Zimmerpflanze zu langweilig? Oder Sie möchten eine Topfpflanze als Geschenk zum nächsten Adventskaffee verschönern? Dann formen Sie sich aus feinmaschigem Kaninchendraht doch eine Manschette in Sternenform. Als Materialien zum Umwickeln des Drahtes eignen sich verschiedene Stoffe, Papier, Bienenwachsplatten, Sisalfasern oder Koniferengrün. Die selbst gefertigten Manschetten passen besonders gut zu den sternförmigen Blüten von Poinsettien.

Bienenwachs verleiht diesem Weihnachtsstern einen wunderbar sinnlichen und weihnachtlichen Duft. Im Verborgenen stabilisiert ein Drahtgerüst die goldgelbe Sternmanschette, die mit der klassischen Pflanze um die Wette strahlt.

Geliebte Poinsettie

Ob Weihnachtsstern oder Poinsettie: Mit seinen roten, weißen oder lachsfarbenen Blüten ist der Klassiker der Liebling im Dezember. Vom Mini bis zum üppig blühenden Riesen wird er neu in Szene gesetzt und sieht in jedem Stil und in jeder Farbkombination gut aus.

Klassisch rotes Duo fürs Sideboard: Die beiden roten Poinsettien leuchten in Tontöpfen, die mit Rindenstücken umwickelt sind. Noch weihnachtlicher wird es mit rotem Band und einem Dekokeks.

Ein Kragen aus dunklen Zweigen ist ein perfekter Rahmen für die roten Blüten. Kleine Bündel werden aneinandergebunden, ein Herz aus Ton unterstreicht den rustikalen Look.

Passend zu den Adventsleckereien duftet es rund um den weißen Weihnachtsstern aromatisch nach Zimt und Sternanis. Wie die Kiefernnadeln sind die Gewürze mit Draht um den Topf gewickelt.

Aus einem kuscheligen Nest aus kurzen Kiefernzweigen lugen die weißen Poinsettien hervor. Klassisch weihnachtliche Akzente setzen die rote Kordel und eine matt schimmernde rote Kugel.

Minis schick in Schale: Die kleinen Weihnachtssterne machen eine gute Figur in der roten Schale, wenn sie mit Kiefernnadeln, gerollter Baumrinde, Zieräpfeln und roten Weihnachtsbaumkugeln kombiniert werden.

Changierende Rosatöne machen die Poinsettie zu einem ganz besonderen Exemplar. Der Topfrand ist üppig behängt mit Koniferengrün, Naschwerk, rosa Pfeffer, Bändern und bestickten und wattierten Stoffherzen.

TIPP

★ Sie möchten den Weihnachtsstern als Schnittblume verwenden? Dann tauchen Sie die Stielenden kurz in kochendes Wasser oder halten Sie sie über eine Kerzenflamme. Das verhindert, dass der weiße Milchsaft austritt und erhöht die Haltbarkeit.

★ Beim Gießen der Pflanze ist weniger mehr! Der Weihnachtsstern reagiert empfindlich auf Staunässe, entfernen Sie deshalb überflüssiges Wasser aus dem Übertopf.

★ Jetzt gibt es den Weihnachtsstern auch als Hochstämmchen. Gönnen Sie sich solch ein edles Stück für einen besonderen Platz.

Wollust für Weihnachtssterne: Dicke Dochtwolle um einen alten Topf gewickelt, Band- und Spitzenreste dazu und passend zur Blüte rosafarbene Sternchen. Fertig ist der Kuschellook!

Das lieben Handarbeitsfans! Poinsettien als Schnittblumen blühen aus einem Wollknäuel, wenn sie in Orchideenröhrchen mit Wasser frisch gehalten werden. Die Banderole besteht aus einem Streifen Filz und einem Dekostern. Eine perfekte Idee nicht nur für das adventliche Häkelkränzchen.

Der typische Weihnachtsblüher tritt hier als Schnittblume auf – in einem Gesteck mit Rosen und Buchsbaum. Bei der Gwefäß-in-Gefäß-Technik wird der Zwischenraum mit dekorativen Postkarten aufgepeppt und das Glas mit Sternen verziert.

Flokati-Feeling! Die freche pinkfarbene Poinsettie schmückt sich mit einem Dress, der aus einem alten Teppichstück zusammengetackert wurde. Dazu noch ein Anhänger in Herzform – wenn das kein 70er-Jahre-Revival ist!

Die Mischung macht's: Topfumhüllungen aus natürlichen Materialien wirken trendy und modern, wenn sie mit apfelgrünen Accessoires wie Glaskugeln, Rentieren oder Filzsternen aufgefrischt werden.

Jetzt geht's rund! Eine Steckschaumkugel wird so ausgehöhlt, dass der Topf mit der weißen Poinsettie und einige Kiefernzweige hinein passen. Mit Flechten, kleinen Ästen und Kiefernnadeln umwickelt, wird daraus ein traumhaftes Winterschmuckstück.

Hoch hinaus! So wird aus dem Weihnachtsstern ein eleganter Hingucker für den Eingangsbereich! Ein hüfthohes Gefäß wird mit Wintergrün umwickelt und oben in eine Schale mehrere Pflanzen eingestellt. Die Säule kann vorher mit Styropor ausgefüllt werden. Filzbänder und glitzernde Sterne sorgen für festliches Weihnachtsflair.

Festliches Alpenveilchen

Eine traditionelle Pflanze geht neue Wege. Statt bieder und unauffällig zu blühen, stimmt das Alpenveilchen jetzt mit winterlich-aromatischen Gewürzen auf den Advent ein oder sorgt mit bunten und glitzernden Accessoires für Glamour pur.

Wie mit Goldstaub überzogen wirkt das Alpenveilchen im Kugeltopf. Dafür wird einfach eine kugelförmige Vase mit goldenem Engelshaar dick umwickelt, bis das Gefäß vollständig bedeckt ist. Dann kann das Fest kommen!

Spiel mit den Gegensätzen: Die glatte Oberfläche des kugeligen Gefäßes steht in interessantem Kontrast zum krausen Engelshaar, in das verschiedene Gewürze, Beeren und Kiefernnadeln eingewoben sind.

So wird aus dem Alpenveilchen blitzschnell ein Duftveilchen. Der Topf der Pflanze ist mit Folie umwickelt, dann bleiben Zimt, Gewürznelken, Sternanis, Zapfen, Nüsse und Sterne beim Gießen schön trocken.

TIPP

★ Eine Prise Zimt ist nicht nur im Kakao eine feine Sache, sondern verleiht auch Ihrer Dekoration eine sinnliche Duftnote. Die Stangen des orientalischen Gewürzes gibt es in verschiedenen Längen mittlerweile auch im Bastelgeschäft.

★ Neben Zimt, Gewürznelken, Ingwer, Koriander, Pfefferkörnern und Kardamom eignet sich wegen seiner schönen Form vor allem Sternanis zum Dekorieren.

★ Sollte nach einiger Zeit der Duft Ihrer Dekoration nachgelassen haben, so können Sie ihn mit ein paar Tropfen ätherischen Öls auffrischen.

Ein festliches Veilchentrio, dessen Reiz in der Abwechslung liegt. Mal wird der ganze Topf mit Zimtstangen, mal mit Engelshaar und Sisalfaser verkleidet, mal nur der Rand mit einem breiten perlenbesetzten Band akzentuiert. In jedem Fall ein Hingucker auf der Fensterbank!

Auch als Schnittblume macht das Alpenveilchen eine gute Figur. Jeweils eine Blüte in kleine Väschen gestellt, dazwischen einzelne Beerenzweige und Zieräpfel – fertig ist der winterliche Schmuck.

Ein flauschiger Kragen aus silbergrünen Flechten umgibt das zweifarbige Alpenveilchen. Die Flechten sind auf einen Pappring geklebt, der den Topf nach oben verlängert. Damit das Veilchen nicht im Topf versinkt, kann man etwas Blähton oder Granulat in das Gefäß geben.

Der neueste Alpenveilchen-Chic. Als wären die rosa-rüschigen Blüten noch nicht der Zier genug, schmückt sich dieses Trio zusätzlich mit Beeren, Zieräpfeln und kleinen Steckzwiebelchen. Bunte Drahtschnecken sorgen für metallischen Glanz.

Zum Streifenlook der Blüten setzt der mit Astscheiben dekorierte Übertopf einen spannenden Kontrast. Einige der Scheiben sind zusätzlich mit Stoff beklebt, mal einfarbig mal kariert, mal mit Fischgrätmuster, gerade wie es so gefällt!

Rustikales trifft auf Elegantes und lässt die Alpenveilchen in einzigartigem Glanz erstrahlen. Die Übertöpfe aus derber Baumrinde haben einen Kragen aus künstlichem Fell bekommen, dazu silberne Dekosterne und einen feinen gewickelten Ring aus Koniferengrün.

Da lohnt ein zweiter Blick! Erstaunlich, was sich im Drahtgeflecht der Kugel alles entdecken lässt: Kleine Zweige, Gewürze, Beeren, gefärbte Blätter und vieles mehr. Als Basis dient Steckschaum, der ausgehöhlt und mit dem Alpenveilchen bepflanzt wurde.

Grandioser Auftritt für den Hauptdarsteller Alpenveilchen. Als Statisten sind Weihnachtskugeln, Engelshaar, Zieräpfel, Zapfen und Efeubeeren mit von der Partie. Die Basis bildet Steckschaum, in den die Pflanze eingesetzt und die Accessoires mit Draht gesteckt wurden.

Da ist dem Alpenveilchen allerhand ins Netz gegangen. Zwischen die Moosumwicklung des Pflanzentopfes und dem bunten Drahtgeflecht werden Zapfen, Nüsse & Co. einfach eingeklemmt.

Blühwunder Amaryllis

Immer wieder faszinierend, wie aus der unauffälligen Amarylliszwiebel im unwirtlichen Dezember eine prächtige Blüte entsteht. Genauso wunderbar sind die Ideen, mit denen das Prachtstück in Szene gesetzt wird und seine farbige Schönheit entfalten kann.

Ein Bett, so weich wie Waldboden, wurde den edlen Blüten hier bereitet. Moos und dekorative Hobelspäne halten die Zwiebelpflanzen in Position. Ein Zweig Korkenzieherhasel lockert das Arrangement auf.

Rustikales Wurzelwerk, getrocknete Mahagonifrüchte und drahtumwickelte Zypressenzweige sind die natürliche Bühne für die Amaryllisblüten. Ein vergoldeter Zapfen garantiert den strahlenden Festtagsglanz.

Kreativ und standfest: Das Gerüst aus kurzen Hartriegelzweigen hält die Amaryllis dekorativ in der richtigen Position. Die Zwiebeln sind mit Moos umwickelt und mit Rinde verhüllt. Golddraht und Sterne lassen es festlich strahlen.

So verspielt kann die Amaryllis sein! Drei Kränze ranken sich um das Arrangement aus weißen Blüten, Eukalyptusrinde und Fichtenzapfen. Sie sind aus Filz, Taxus und schimmerndem Engelshaar gebunden.

Matt schimmern Glasvase und silberne Kugeln. Dazwischen stecken die moosumwickelten Amarylliszwiebeln, aus denen sich durch knorrige Wurzeln und drahtumwickelte Euphorbientriebe die weißen Blüten ans Licht schieben.

Der Zwei-Vasen-Trick für Eilige: In die innere Vase wird die attraktive lachsfarbenen Amaryllis als Schnittblume gestellt. Stiele und Wasser werden von den Kiefernnadeln verdeckt, die im Zwischenraum zur äußeren Vase stecken.

TIPP

Den Winterblüher Amaryllis können Sie an einem Fensterplatz bis ins zeitige Frühjahr genießen. Danach den Schaft kürzen, nur die Zwiebel überdauert die nächsten Monate. Die Wurzeln dürfen nur mäßig feucht sein, dann treibt die Zwiebel erneut aus. Ist der neue Schaft zehn Zentimeter hoch, darf mehr gegossen und einmal wöchentlich gedüngt werden, bevor pünktlich zur Weihnachtszeit die neue Blüte beginnt.

Raffinierte Verpackung für raffinierte zweifarbige Amaryllisblüten: Die Zwiebeln wurden vorsichtig mit flexiblen Zweigen umwunden und auf dem Topfrand liegt ein Kränzchen aus gebleichten Ranken.

Eleganter Blickfang in der festlichen Zeit: In solch einer extravaganten Vase braucht der Strauß aus Amaryllis nur einige Wurzelranken als Effekt. Schlichtes Filzband betont die Bindestelle.

Auch ein Einzelgänger kann ganz groß rauskommen! Die einzelne rote Amaryllisblüte ist ganz oben am Schaft mit Blättern und Ranken umwickelt – natürlich und effektvoll! Kleine Steinchen geben ihr sicheren Halt in der Vase.

Macht viel her und geht schnell: Die rote Amaryllis in der hohen Vase wird begleitet von Hagebuttenzweigen, silber und gold gefärbten Gräsern und Dekosternen. Perfekt wird das Styling durch einen mit Kugeln gefüllten Topf aus dem gleichen Material.

Advent im ganzen Haus

Überall weihnachtet es: Bunte Blüten und adventliches Grün schmücken gemeinsam mit glänzenden Kugeln oder goldenen Engeln Tische, Regale und Wände. Mit blumigen Dekoideen zieht der festliche Zauber im ganzen Haus ein. Da findet jeder seinen Lieblingsstil!

Ein glanzvoller Auftritt für die Christrose! Sie ist in ein kugelrundes Gefäß gepflanzt, das zuvor mithilfe von Sprühkleber mit Schlagmetall vergoldet wurde. Als extravaganter Akzent rankt ein Geflecht aus Engelshaar und Kiefernnadeln darüber.

Amaryllis mit Durchblick. Statt in einen Topf, wurde die Amaryllis in ein hohes zylindrisches Glasgefäß gesetzt. Für die Zeit der Blüte reichen der Pflanze etwas Erde und wenig Feuchtigkeit. Ihre attraktiven Begleiter sind ein vergoldetes Agavenblatt, Zapfen, Kiefernzweige und zwei edle Sterne, die an langen Bändern vom Gefäßrand in die Tiefe herab hängen.

Das festliche Füllhorn ist mit einer Blütenkostbarkeit gefüllt. Nur wer genau hinsieht, wird bemerken, dass die Passionsblume aus Seide gefertigt ist. Das macht den Schmuck für mehr als ein Weihnachtsfest haltbar. Als Basis für die geschwungene Form des Füllhorns dient ein Drahtgeflecht, das mit verschiedenen Ranken bewickelt wurde.

Inmitten von allerlei Zweigen und Beeren glänzt eine Passionsblume aus Seide. Kornähren dienen dazu, einen Übertopf festlich herauszuputzen. Sie sind an das Gefäß geklebt und mit glitzerndem Bouillondraht umwickelt. Da alles dekorativ eintrocknen kann, eine äußerst haltbare Dekoration.

Fundstücke aus der Natur wie Beeren, kleine Zweige, Blätter und in der Mitte ein Apfel sind in diesem Gesteck ganz natürlich in Szene gesetzt. Für einen spannenden Kontrast sorgt das gerostete Gefäß, das mit einer dicken Goldkordel veredelt wurde.

Die Weihnachtszeit verleiht Flügel. Diese riesigen aus goldener Pappe sind unten eingeschnitten und werden einfach an den Rand des Übertopfes geklemmt. Wem das noch nicht genug Gold ist, der verziert den Topf zusätzlich mit selbstklebenden Sternen.

TIPP

Gefährliche Schönheit. Die zarte Blüte der Christrose fasziniert uns jedes Jahr in der Weihnachtszeit. Wenn die Natur unter einer Decke aus Schnee und Eis schläft, trotzt sie der Kälte. Kein Wunder, dass sie deswegen Favoritin in vielen Dekorationen zum Advent ist. Aber Vorsicht! Die liebenswerte Blüte ist in allen Pflanzenteilen giftig und sollte nicht mit den Schleimhäuten in Berührung kommen.

So kommt auch eine einzelne Blüte ganz groß raus. Von einer Christbaumkugel wird die Aufhängung abgezogen, die Kugel mit Wasser gefüllt und eine Christrose hinein gestellt. Für sicheren Stand sorgt eine mit Zucker gefüllte Schale, in der die Kugel platziert wird.

Gold in gold strahlen Äpfel, Proteenblüten und ein Dekostern in diesem Gesteck um die Wette. Drumherum bilden Zieräpfel, Efeufrüchte und andere Beeren die ruhige Basis. Für den absoluten Kick sorgt der goldene Mosaiktopf.

Zapfenstreich in Gold. Auf den hohen glasierten Tongefäßen thront je ein mit Schlagmetall vergoldeter Pinienzapfen. Drumherum sind Eibengrün und vergoldeter Pfeffer gesteckt, oben drauf kleine Zieräpfel, von denen schmale lange Bänder herab hängen.

Ein echter Blickfang ist dieser große Pinienzapfen, der in einer durchsichtigen Glasvase von allen Seiten betrachtet werden kann. Er wurde mit Schlagmetall vergoldet und auf ein Bett aus verschiedenen Beeren und winterlichen Gewürzen gesetzt.

Adventsdekoration im Ethnolook. Die groben Rinden- und Aststücke sind mit weichen Zweigen und bunten Bändern zusammengebunden. Dazwischen wird eingeklemmt, was gerade passt: Getrocknete Limettenscheiben, Koniferengrün, Efeuranken, bunte angedrahtete Kugeln, Sterne, Gewürze und vieles mehr.

TIPP

Ihre Christbaumkugeln haben nicht die richtige Farbe oder entsprechen nicht mehr dem aktuellen Geschmack? Oder von den ehemals vielen zusammenpassenden sind nur noch wenige ganz geblieben? Werfen Sie diese Kugeln auf keinen Fall weg! Wie unser Beispiel zeigt, lassen sich daraus noch tolle Dekorationen basteln. Wie wäre es vielleicht mit Geschenkanhängern für die Weihnachtspäckchen? Auch als Tischkarten machen die ausgedienten Exemplare noch eine gute Figur. Ein Stück Pergaminpapier mit Namen beschriftet, mit einem schönen Band an die Kugel geknotet und schon fertig!

Bunter geht's nicht! Dieser Aufsehen erregende Kranz lebt von seiner großen Farbvielfalt und dem vollständigen Verzicht auf Tannengrün. Die Kugeln sind dicht an dicht mit Draht auf einem Strohkranz befestigt. Die Zwischenräume werden mit Engelshaar gefüllt.

Weihnachtlicher Duft liegt in der Luft. Der wird von einem Gewürznelkenkranz verbreitet, der ebenso wie ein Zapfen mit Draht in die Rebhuhnbeerenpflanze gesteckt wird. Die roten Rosen werden durch Orchideenröhrchen mit Wasser versorgt.

Ein Klassiker im Weihnachtskleid. Dafür werden auf die Stiele der roten Rosen Papiersterne aufgezogen und die Blüten in Orchideenröhrchen gesteckt. So sind sie gut mit Wasser versorgt und können einfach in die Rebhuhnbeerenpflanze gesteckt werden.

Einen tollen Anblick bietet diese große Schale. Zweige, Zapfen, Beeren Äpfel und vieles mehr sind einfach dekorativ hineingelegt. Die Anemonenblüten werden in Orchideenröhrchen dazwischen gesteckt und können so bei Bedarf leicht gegen frische ausgetauscht werden.

In den klassischen Weihnachtsfarben gestaltet, findet dieses Gesteck viele Liebhaber. Fröhlich und unkompliziert gesellen sich Hagebutten, Zieräpfel, Zapfen und allerlei Beeren zueinander. Ein kleiner Holzvogel und Anemonen künden schon vom kommenden Frühjahr.

Gar nicht zugeknöpft zeigt sich dieses Paar aus Christrosen, kleinen Zieräpfeln, verschiedenen Beeren und Zapfen, die allesamt in Steckschaum Halt finden. Um die würfelförmigen Töpfe sind mit dünnem Lederband Knöpfe aus Filz gebunden. Originell und nicht nur für die Nähstube!

Bäume im Miniformat

Der Trend geht zum Zweitbaum! Weihnachtsbäumchen in XXS machen schon vor Heiligabend Festtagsstimmung. Neben dem Sofa, im Kinderzimmer oder auf dem Balkon: Von natürlich bis verspielt finden sie einen Platz in der kleinsten Hütte.

Die wunderschön verzierten Kugeln reichen nicht aus, um den riesigen festlichen Baum zu schmücken? An einer kleinen Zuckerhutfichte, mit schmalen Bändern kombiniert, kommen sie garantiert ganz groß raus. Auch im Doppel!

Schnelle Resteverwertung: Geschenkband wird mit schmaler Litze zur Schleife gebunden und an der Zuckerhutfichte befestigt. Fertig ist der romantische Weihnachtstraum in Altrosa und Silber!

Natur fast pur! Ein Kranz aus dünnen Zweigen umrahmt die Zuckerhutfichte, an der ein bändergeschmückter Stern kometengleich leuchtet. Wer mag, gibt den Zweigen mit Goldspray Glanz.

TIPP

★ **Mehr als das i-Tüpfelchen auf der Geschenkverpackung:** Mit Bändern setzen Sie schnell Akzente in großen und kleinen Christbäumen, Sträußen oder am Adventskranz.

★ **Das passt!** Das gleiche Band wie im Adventskranz um die Serviette gebunden und schon haben Adventsschmuck und Tischdeko genau den gleichen Look.

★ **Werfen Sie Reste nicht weg:** Ein kleines Stück Band im weihnachtlichen Look reicht, um aus einer einfachen Topfpflanze ein nettes Mitbringsel zum Adventskaffee zu machen.

Richtig verspielt wird der Minibaum, wenn ein Holzstab nah am Stamm steckt und mit Bändern in Pastelltönen geschmückt wird. Eine aufgesteckte Weihnachtskugel verdeckt den unschönen Ansatz.

Ruckzuck ist der Mooskranz mit Wollresten umwickelt, mit Apfelscheiben, Sternen und Zimtstangen beklebt und über die kleine Zuckerhutfichte gestülpt. Im rosafarbenen Eimerchen ein echter Girlie-Traum im Advent.

Ein sternengekrönter Holzstab steckt parallel zum Stamm der kleinen Zuckerhutfichte. Die duftigen Bänder und Spitzen, die im Handumdrehen daran festgeknotet sind, umspielen den kleinen Baum.

Lässt Mädchenherzen höher schlagen: Der Topf der Zuckerhutfichte ist mit duftendem Zimt und Apfelscheiben umwickelt, die bestickten, wattierten Herzen sind niedliche Eyecatcher und schnell dekoriert.

Das macht kleinen Lokführern Lust auf Weihnachten. Die Wacholderbäumchen sitzen in Töpfen, die ganz dick mit Stoff und Kordeln umwickelt sind. So bekommen auch alte Kübel Weihnachtsschick.

Da freut sich das Christkind beim Blick ins Fenster. Die flachen Styroporbäumchen sind mit Filzband und Koniferengrün umwickelt. Immer im Wechsel, so wie es gerade kommt. Sterne krönen die originellen Bäume im klassischen Farbenspiel.

Lichterwald für zuhause. Koniferengrün, allerlei Bänder in Rot, Grün und Gold und Schmuckdraht machen aus Styroporkegeln immergrüne Bäume, denen ein Kerzenlicht aufgesetzt wurde.

Ob's weiße Weihnachten gibt? Auf jeden Fall erinnert die Deko an einen kalten Winterwald. Die eisig blaue Kerze sitzt auf einem Halter, der fest neben dem Wacholderstämmchen eingesteckt wurde. Schneekristall und verschneiter Topf machen Lust auf Winterfreuden.

Würzige Zutaten für die kleine Zuckerhutfichte: Zimtstangen passen zum rostfarbenen Eimerchen und Holzstäbe, Bänder und Kugeln setzen frostige türkisfarbene Akzente.

Sinken die Temperaturen unter Null, trägt auch der Wacholder eine wärmende Mütze. Die ist aus blauen und weißen Bändern schnell gewickelt, am Zipfel baumelt ein Glöckchen.

Auf der Terrasse haben auch die Buchsbaumkugeln ihr winterliches Festkleid angelegt. Leuchtend rote Sterne, Kränze aus schwarzen Zweigen, roten Spanhütchen und bizarre Zweige gehören dazu.

Die Buchsbaumkegel wärmt ein festlicher Kragen: Mal aus kleinen Astscheiben, mal aus grobem Bast, aber immer mit Sternchen geschmückt. Erst den verzierten Steckschaumkranz auf den Topf legen, dann die Pflanze einsetzen: So geht's ganz einfach!

Ganz schön raffiniert: Die Kegelform der Fichten-Hochstämmchen wird betont durch die Zweige, die an der Spitze befestigt sind. Bänder mit Sternenanhängern spielen im Wind.

Schenker

Jeden Tag ein Türchen

Wie lange noch bis das Christkind kommt? Wenn die Zeit bis zum 24. Dezember unendlich scheint, hilft die tägliche Überraschung aus dem Adventskalender, das Warten zu versüßen. Und weil nicht nur die Kleinen ungeduldig sind, freuen sich auch Erwachsene übers Türchenöffnen.

Ein klarer Fall von Recycling. In alten Konservengläsern warten 24 Überraschungen darauf, ausgepackt zu werden. Die Gläser werden mit aufgeklebten Zapfen, mit Kränzchen und Bändern adventlich herausgeputzt und Zauberwatte verhüllt ihren Inhalt.

Adventsgrüße aus dem Reptilienzoo: Aus weihnachtlich gemustertem Fleecestoff wird ein Schlauch genäht. Gefüllt mit 24 Gaben, abgebunden und außen mit Zahlen an Wäscheklammern ausgerüstet, ist die Art der Adventsschlange geboren. Sie schlängelt sich auf dem Fensterbrett so gerne entlang wie über das Sideboard oder durchs Kinderzimmer.

Die Post ist da! Eine Spanplatte wird mit Stoff oder Weihnachtspapier bezogen, die 24 roten Kuverts mit Sternen oder Rentieren aus Holz verschlossen. Gutscheine, Gedichte, Eintrittskarten: Ideen, was sich darin verbergen könnte, gibt es viele.

24 Tage in Champagnerlaune! Auf einem Tablett stehen Sektgläser, in denen die Überraschungen von Spitztüten aus Papier verhüllt werden. Mistelzweige und festlich glänzende Kugeln verbergen zusätzlich den Blick auf den Inhalt. Bei einem so unkonventionellen Adventskalender darf es statt klassischem Rot und Grün auch mal Pink sein!

Nein, es ist noch nicht Silvester! Die Knallbonbons, die an dem geweißten Zweig hängen, bestehen aus Papprollen, die in jedem Haushalt übrig bleiben und mit Seidenpapier verhüllt werden. Darinnen ist Platz für allerhand kleine Geschenke, die die Wartezeit aufs Christkind erträglich machen.

Goldene Aussichten aufs Fest mit einem Adventskalender als Fensterschmuck. Die Minitöpfchen, sind an einem Astbündel befestigt. Durch das Bodenloch wird Geschenkband gefädelt und unterm Topf verknotet. Vorher anmalen, mit Zahlen versehen und mit einem Papierdeckel zukleben.

So frisch eingetopft kommen die Überraschungen nicht nur bei Menschen mit grünem Daumen gut an! Das Geschenk wird in Seidenpapier gepackt und in einen Topf gestellt, der vorher mit Farbe und Bändern ein festliches Outfit bekommen hat. In Gold und Silber wirkt es besonders edel.

Wandschmuck für Klein und Groß. Stoffreste, Wolle, Papier und Goldfarbe machen simple Papprollen unkenntlich. Werden Sie an einem schmalen Brett befestigt, gefüllt und mit Zahlen sowie Zapfen als Deckel versehen, kommen sie in ihrer neuen Rolle als Adventskalender ganz groß raus.

TIPP

Sie möchten, dass der Adventskalender in Kranzform auch dann dekorativ aussieht, wenn die Tütchen geöffnet sind? Dann schneiden Sie einen Pappring in der Größe des eng gebundenen Koniferenkranzes aus und umwickeln Sie diesen fest mit roter Wolle – das sorgt auch für guten Stand der Päckchen. Jeden Tag im Advent leuchtet dann ein Stückchen mehr davon hervor und gibt den Blick auf die Kranzmitte frei, die Sie zum Beispiel mit Äpfeln und Nüssen dekorativ füllen können.

Schmückt den Tisch vier Wochen lang: Der Kranz aus Koniferengrün ist die Basis für einen ausgefallenen Adventskalender. 24 Tütchen aus weißem Papier stehen rundherum und halten für jeden Tag ein kleines Geschenk bereit. An den goldenen Sternen kann man erkennen, welches Tütchen geöffnet werden soll.

Bald ist Nikolausabend da!

Wenn die Stiefel frisch gewienert vor der Tür stehen, sind glänzende Kinderaugen am nächsten Morgen garantiert. Bestimmt hat der heilige Mann Überraschungen versteckt. Und für die Großen grünt und blüht es aus dem Schuhwerk!

Für große und kleine Füße. Überraschungen für die ganze Familie hat der Nikolaus hier versteckt. Norwegersocken und aus rot-weißen Stoffresten genähte Strümpfe sind auch nach dem 6. Dezember ein Blickfang.

Der Dekostecker verrät, wer das Gesteck aus Rebhuhnbeeren, Zimtstangen, getrocknetem Gras, Nüssen und Zapfen vor die Tür gestellt hat. Breites Band im nordischen Stil verhüllt die Gefäße.

Für brave Kinder holt Knecht Ruprecht Leckereien aus dem kleinen Sack aus Lederresten. Der ist fix zugeschnitten, mit Apfel, Nuss und Mandelkern gefüllt und mit Lederband zusammengefasst.

Nie mehr kalte Füße! Die gemütlichen Norwegersocken sind gefüllt mit adventlichen Accessoires und einer Christrose, die in einem Orchideenröhrchen mit Wasser versorgt wird. Sind die Feiertage vorbei und Väterchen Frost verbreitet immer noch Minusgrade, wärmen sie kalte Füße.

Nicht geeignet, um damit in Pfützen zu springen, aber perfekt, um den Nikolaus willkommen zu heißen, ist eine Dekoration in Gummistiefeln aus Keramik. Gefüllt mit Tannenzweigen und Leckereien und einem angedrahteten Filzstern kommen sie nicht nur bei Heiligen gut an.

Liebesgruß vom Nikolaus: In dem floralen Stiefel aus Asparagus, Zieräpfeln und Zimt hat sich eine rote Rose zwischen Beeren versteckt. Was das wohl Liebevolles zu bedeuten hat?

Husch, husch ins Körbchen. Zwischen Leckereien und Grün blüht eine rote Amaryllis, ein Kunststoffröhrchen versorgt sie mit Wasser. Der Nikolaus verrät sich durch den „Bart" aus weißer Zauberwatte.

Solche Designerstiefel faszinieren auch Knecht Ruprecht & Co. Mit Efeu umwickelt ist dieses Exemplar üppig mit Zieräpfeln und einer dicken Bastschleife geschmückt. Ganz schön stylish!

Für jeden etwas: Erdnüsse für Vitaminbewusste, ein Nikolauskopf aus Glas für Dekoliebhaber und ein Teddybär für Verspielte. In orangeroten Filzsäckchen mit Tannengrün und Zieräpfeln garantiert ein Erfolg.

Wir warten auf den Nikolaus! Sieht er durch den Kamin diese prächtige Schale, wird er sich sicher sputen. Die Kugel aus Zapfen, ein vergoldeter Bischofsstab und glitzernde Accessoires möchte er sich ganz bestimmt nicht entgehen lassen.

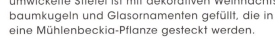

Ein richtiges Prachtstück, das man sich auch gerne selbst schenkt! Der große mit Moos und Zierdraht umwickelte Stiefel ist mit dekorativen Weihnachtsbaumkugeln und Glasornamenten gefüllt, die in eine Mühlenbeckia-Pflanze gesteckt werden.

Ein großer Zapfen ist der Blickfang der Stiefelfüllung aus Mandarinen, Zimtstangen und Zuckerstangen. Der Stiefel ist aus einem Stoffrest schnell um einen Topf und die Schuhspitze aus Zeitungspapier drapiert, mit rotem Band in Form gebracht und mit Kunstpelz angewärmt.

Im orientalischen Look erinnert der Stiefel an die Heimat des Bischofs von Myra. Ein Gerüst aus Draht und Zeitungspapier, mit Scheinzypresse umwickelt, verhilft dem Weihnachtskaktus zum originellen Auftritt.

TIPP

In unzähligen Farben, Formen und Stärken fordert er Ihre Kreativität heraus: Draht ist der Tausendsassa aus dem Bastelgeschäft! Ob als metallisch schimmernder Zierdraht, zarter Bouillondraht oder als Gimpe, die einen Drahtkern hat und mit Kunstseidenfäden umwickelt ist – laswsen Sie Ihrer Fantasie freien Lauf und nutzen Sie beim Basteln den Doppeleffekt: Tolle optische Wirkung und äußerst flexibler Halt.

So wird der ausgediente Gummistiefel festtagsfein: Mit Watte umwickelt und mit einer Borte aus Zypresse und Glitzeraccessoires dient er als Übertopf für das pinkfarbene Alpenveilchen.

115

Prachtsträuße zum Fest

Sie sind der Blickfang in jedem Raum und als Geschenk in der Adventszeit auf jeden Fall ein Erfolg. Wertvolle Blüten kunstvoll gebunden und mit weihnachtlichen Accessoires geschmückt, lassen uns für einen Moment vergessen, dass die Natur eigentlich schläft. Zeit für prächtige Weihnachtssträuße!

Edle dunkle Anthurien und cremefarbene Rosen machen Furore. Schimmerndes Band und weiße Dekosterne sagen „Frohe Weihnachten!".

Schwingende Bänder sind in den Strauß eingebunden und mit Weihnachtsbaumkugeln und Sternen beschwert. Im blühenden Zentrum stehen Anthurien und Rosen sowie gold gesprühte Zweige.

Ein goldener Stern ist vom Himmel gefallen. Das glitzernde Etwas besteht aus Golddraht und hat eine Füllung aus Christrosen, Ranunkeln und Rosen.

Weiße Weihnacht garantiert! In der Sternenmanschette blüht es in der Farbe frisch gefallenen Schnees mit Rosen, Anemonen und Eucharisblüten.

Eine exotische Orchideenblüte ist der Star des Sternenstraußes, kombiniert mit Rosen, Ranunkeln und Silberblatt. In der Manschette aus Flechten setzen blaue Perlen Akzente.

Frühlingshafte Blüten verbreiten mitten im Winter Optimismus. Festlich wird der Strauß durch einen breiten gerüschten Kragen aus weißem Seidenband sowie Weihnachtskugeln und Schneekristallen als Dekoration.

TIPP

Zart, festlich und vielseitig: Weihnachtsbaumschmuck kann mehr, als nur eine Tanne schmücken. Binden Sie filigrane Porzellansterne an einen schlichten weißen Strauß und fertig ist ein besonderes Mitbringsel zur Weihnachtszeit. Oder fädeln Sie ihn auf schmales Satinband und wickeln Sie beides um eine Serviette: Fertig ist die festliche Blitztischdeko. Genauso wirkungsvoll ist der weiße Porzellanstern als Anhänger an einem liebevoll verpackten Geschenk.

Kugelrund gebunden ist der üppige Ranunkelstrauß. Richtig festlich wird er durch einen breiten Streifen aus Dekodraht und festlichem Band, der über den Strauß gelegt wird und auf dem ein weißer Porzellanstern thront.

Two in one: Rosen, getrocknete Hortensien und weihnachtliches Grün sind in einer Manschette aus zwei Kränzen – einem aus Stroh und einem aus Koniferengrün – zusammengebunden. Engelshaar, Weihnachtsschmuck und Perlchen lassen's glitzern.

Der üppige Blumengruß kommt im Naturlook daher. Eine Manschette aus Zapfen schmückt zarte Alpenveilchen, die über kleinen Zieräpfeln schweben. Für alle, die es ein wenig rustikaler lieben.

Eine Hand voll Blüten wünscht „Frohe Weihnachten!". Die violette Nelke, gelbe Zieräpfel und die orangefarbene Frucht der Lampionblume werden von Buchs und bunten Wollfäden zusammen gehalten.

Auch bei Minusgraden muss dieser Strauß nicht frieren, sitzt er doch kuschelig warm in einem roten Strickkragen. Fröhlich bunte Weihnachtsaccessoires setzen zusätzliche Farbakzente.

Gruß vom Förster. Die Manschette aus Astscheiben scheint direkt vom Waldspaziergang zu kommen. In ihrer Mitte prangt zwischen bunten Blüten eine Weihnachtskugel aus weichem Filz.

Rote Anemonen pur leuchten in einem Rahmen aus grünen Efeubeeren. Fliederfarbenes Samtband und ein kleiner Weihnachtsbaum in exotischen Farben sorgen für ordentlich Power im Advent.

TIPP

Die Discokugel ist mit dabei, wenn das Glöckchen am Christbaum klingelt! Zweckentfremden Sie ruhig alles, was glitzert und blinkt, wenn Sie es im Advent und an Weihnachten unkonventionell lieben. Pailletten besetzte Sterne am Baum, blinkende Lichterketten in einer mit Kugeln gefüllten Glasvase und Pink, Lila und Rot in ungewohnter Harmonie. Sie werden sehen: Auch so kommt Weihnachtsstimmung auf!

Statt Blütenpracht mal Glitzer total! Auf dem Strauß aus Mandarinen und getrockneten Floralien sitzt ein Stern neben dem anderen. Und dabei wurde kräftig in den Farbkasten gegriffen und alles, was Pink, Lila, Rot oder Orange ist, munter kombiniert.

Das macht Freude!

Geschenkideen sind in der Vorweihnachtszeit heiß begehrt: Ob als Mitbringsel zum Adventskaffee, Gänseessen oder als besondere Aufmerksamkeit für die nette Nachbarin: Die kleine Blumenidee, ein Mini-Adventskranz oder Kerzenglanz kommen richtig gut an und alles ist garantiert selbst gemacht!

Das habe ich dir mitgebracht: Die rote Papiertüte verdeckt ein Steckgefäß, aus dem Ranunkeln, Tannengrün, gezuckerte Früchte und Glückspilze schauen. Und statt Rentier gibt es ein Schaf.

Adventskranz oder Sträußchen? Gut, dass der Beschenkte das nicht entscheiden muss. Auf dem moosumwickelten Kränzchen sind vier rote Kerzen befestigt, mittendrin prangt eine rote Rose.

Jingle bells ... Bei dem Geschenkstrauß aus Koniferengrün und Zieräpfelchen kann man schon hören, wie der Weihnachtsmann im Schlitten naht. Aufgefädelte Glöckchen machen`s möglich.

Die erste Kerze brennt ... Der Miniatur-Adventskranz ist ideal für den Einsatz auf dem Büroschreibtisch. Dort bringt er Weihnachtszauber mit seiner Basis, die mit Dochtwolle und Draht umwickelt ist und den kleinen roten Kerzen. Samtbänder geben den letzten Schliff.

Eine Handvoll Kostbarkeiten! Einfache Plätzchenformen werden mit Tannennadeln, Gewürzen und kleinen Beeren gefüllt und alles mit glitzerndem Bouillondraht zusammengehalten.

Sternenglanz in Silber und Blau. Hier glitzern Kristalle neben Zapfen, Perlen und kleinen Stückchen Zauberwolle in den Plätzchenausstechern. Bouillondraht in Silber gibt Glanz und Halt.

Wirklich eine kleine Aufmerksamkeit: Versilberte Minitöpfe sind mit Äpfeln gefüllt. Um den Kerzenhalter mit Dorn liegt ein Kranz aus Koniferengrün. Niedlicher Auftritt für Weihnachtsbaumkerzen.

Ein wahres Prachtsstück! In die Zwischenräume des geöffneten Pinienzapfens wurden leuchtend blaue Plüschpompons geschoben und das Ganze mit silberfarbenem Schmuckdraht umwickelt.

Warm eingepackt! Das Gefäß wurde kurzerhand in ein Filzsäckchen gesteckt und mit einem Mix aus Blüten, Zapfen und winterlichem Grün gefüllt. Glasschmuck und Bänder machen's festlich.

TIPP

Liebevoll Selbstgebackenes zergeht auf der Zunge und ist ein Genuss für den Gaumen. Aber auch als Genuss für die Augen macht es etwas her: In Gestecken, auf dem Adventskranz oder als schnell vergängliche Tischdekoration einfach in die Mitte der Tafel gelegt. In einem dicht schließenden Glasgefäß sehen die Plätzchen auch in der Küche dekorativ aus, jedenfalls so lange, bis sie den Naschkatzen zum Opfer fallen.

Aus einfachen Tontöpfen wird ein Geschenk, das den zuckersüßen Adventstrend mitmacht. Bänder, Spitze, Filz, Kordeln und Litzen in Rot, Rosé und Weiß um den Topf wickeln und mit Heißkleber fixieren. Zum Schluss noch blumig füllen und fertig ist der Hingucker.

Mitbringsel in der allerletzten Minute. Buchsbaumpflanzen werden in orangefarbene Tüten gesetzt, mit einer roten Schleife, Zuckerstangen und Glöckchen aufgepeppt. Fertig ist ein Geschenk, das sich nach den Feiertagen auch auf dem Balkon wohlfühlt.

Weihnachtsbaum en miniature für liebe Mitmenschen. Die Zuckerhutfichten sitzen in kräftig lilafarbenen Übertöpfen und haben Kränze aus Zapfen und knallbunten Kugeln bekommen.

Lust auf eine Wundertüte? Ein floraler Überraschungscocktail versteckt sich in einer pinkfarbenen Tüte mit gelbem Grußkärtchen. Dieses Jahr mal bunte Nacht statt stille Nacht!

137

Pop art goes xmas! Die ausrangierte Konservendose bekommt mit Sprühlack, buntem Draht, Filz und Glitter ein neues Gesicht und mit dem Pinienzapfen eine neue Füllung.

Liebevolle Grüße und geheime Weihnachtsbotschaften verstecken sich in den bunten Organzasäckchen. In Rot, Orange und Lila wurden sie an knallbunte Tüten gebunden, in denen Buchsbaumpflanzen stecken.

Feuer und Flamme ist das Flammende Käthchen für seine weihnachtliche Geschenkverpackung. Der goldfarben besprühte Topf hat eine Banderole aus Glassternen in Pink und Lila und einer goldenen Kordel. Passt perfekt und sieht einfach liebenswert aus.

Orientalische Kostbarkeiten könnten sich in dem Beutel verbergen, der aus glänzendem Futtertaft schnell genäht ist. Neben prächtigen weihnachtlichen Accessoires vielleicht köstliche Pralinen oder ein Parfum?

Aus einer Weihnachtskugel wird schnell ein Blumengruß: Aufhänger abziehen, Wasser einfüllen und eine Blüte reinstecken. Soll die Kugel nicht einfarbig bleiben, einfach mit Lackstift Sternchen aufmalen.

Feiern

Die erste Kerze brennt ...

Ein grüner Tannen-kranz, vier rote Kerzen? Dieses Jahr darf der Advents-kranz mal ganz anders aussehen. Klassisch, natürlich, verspielt oder ganz elegant. Zeit, den alljährlichen Mittel-punkt der Advents-dekoration neu zu entdecken.

Advent für Glückspilze! In Efeupflanzen stecken dicke rote Kerzen, niedliche Filz-pilze und Spiegelbeeren, die rosé und golden schim-mern. Bänder verbergen das Pflanzgefäß.

Adventskranz eingetopft. Ein Ringelreihen von Töpfen steht auf dem Tablett mit Kunstschnee. Vier davon sind mit Kerzen bestückt, die anderen mit Pflanzen. Dazu Accessoires in Rot und Rosa.

Stricklieseln aufgepasst! Ein rotes Wollknäuel und Wollreste, die kunterbunt um den Kranz aus Buchsbaum gewickelt wurden, begeistern nicht nur passionierte Handarbeiterinnen.

TIPP

Selbst wenn Sie glauben, zwei linke Hände zu haben und den Handarbeitsunterricht immer geschwänzt haben: Mit Wolle gelingen auch Ihnen ganz tolle Dekorationen, und zwar ganz ohne Nadeln. Um einen Blumentopf gewickelt, können Sie so jeden Farbtrend mitmachen, Gläser werden mit buntem, durchscheinenden Wollkleid zu dekorativen Windlichtern und falls Sie mal kein Geschenkband zur Hand haben: Mit kuscheliger Dochtwolle kann man es ganz leicht ersetzen.

Dicke Dochtwolle bringt den Kuscheleffekt bei diesem Adventskranz mit vielen Kerzen. Dazwischen sorgt bunte Wolle für kräftige Farbtupfer. Einen trockenen Zweig darüber gelegt, schon entsteht ein interessanter Kontrast.

Ein Wintertraum, der Kranz aus Zweigen und Zapfen, die einen Rauhreifüberzug mit Schneespray haben. Passend dazu die matt weißen Kerzen. Romantischer Hingucker sind die Kugeln mit Engelbildern.

TIPP

Bei Großmutter schmückten sie das Poesiealbum, aber auch heute kann man sie noch kaufen: Glanzbilder mit Engelmotiven. Wenn Sie es romantisch lieben, können Sie sie in Ihre Weihnachtsdeko einbeziehen. In Gestecken oder Kränzen, als Schmuck auf einfachen Kugeln, auf persönlich gestalteten Grußkarten oder Tischkärtchen sind sie einfach herrlich nostalgisch.

Ganz schön edel! Graugrüne Tillandsienblätter ranken sich zum Kranz, aufgelockert durch weiße Sterne, Kugeln im Schneeballlook und goldene Ornamente. Die weißen Kerzen scheinen von innen heraus zu leuchten.

Trockenes Gras ist die Basis des urigen Kranzes im Naturlook. Dazu passen viele Sterne in unterschiedlichen Holztönen und cremefarbene Kerzen. Das Gras wird auf einen Steckschaumkranz geheftet, die Sterne mit Heißkleber fixiert.

Natürlich ein Prachtstück! Ganz dicht wurden Zapfen, Nüsse und Zimt auf einen Rohling geklebt, am besten mit Heißkleber. Ein Kranz für viele Jahre, über den frische Kiefernzweige gelegt werden.

Doppelte Adventsfreude! Der innere Kranz aus Hortensien und Schleierkraut wird umgeben von einem schmalen aus drahtumwickeltem Koniferengrün. Engelshaar und Perlen glitzern.

Elegant und prächtig präsentiert sich der klassische Adventskranz aus Nordmanntanne mit vielen vielen Kugeln in dezenten Farbtönen, hohen weißen Kerzen und golden und silbern schimmernden Bändern.

Festliche Vorweihnachtszeit für Extravagante: Schwarze Kerzen brennen auf einem Kranz, dessen Stil durch allerlei natürliche Materialien geprägt wird. Ganz besonders durch die edlen Orchideenblüten, die in Wasser gefüllten Glasröhrchen im Kranzkörper stecken.

Kerzen im Mittelpunkt! In einem Kranz aus Euphorbiengeäst wirken in der Mitte, sicher auf Steckschaum befestigt, vier braune Kerzen. Sterne in Türkis und Silber sowie versilberte Zapfen setzen diesem außergewöhnlichen Kranz Glanzlichter auf.

Fürs Sideboard eine elegante Alternative zum Kranz. Ein Steckschaumblock ist rundum mit Zapfen besteckt. Oben drauf sitzen vier blaue Kerzen, transparente Sterne sorgen für Leichtigkeit.

Ganz leicht und zart wirkt der Kranz aus trockenen Ästen und Flechten, in die eisig blaue und silberne Sterne, Kugeln und Draht eingewoben sind. Dazu passen gletscherblaue Kerzen.

Außergewöhnlich schlicht: Der schmucklose Kranz ist ganz aus dünnen Ranken, Asparagusgrün und goldenem Schmuckdraht gewunden, darauf wurde für jeden Adventssonntag eine Kerze befestigt.

Natur pur für den Kranz aus Koniferengrün. Wie eine Schale ist die Mitte mit einem Mix aus natürlichen Fundstücken gefüllt. Dazu hellgrüne Kerzen und fertig ist das außergewöhnliche, schlichte Stück.

Adventsschmuck für Wagemutige: Der Koniferenkranz ist eng mit Draht umwickelt und mit vier bändergeschmückten Kerzen versehen. Er steht auf schier unzähligen dünnen Zweigen, die alle auf eine Länge gebracht wurden.

Rot und Grün – so sieht ein Adventskranz in Kinderbüchern aus. Bei diesem Exemplar sitzt ein zweiter Kranz aus Aststücken auf dem Tannenkranz. Geschmückt ist er mit Zieräpfeln und Bündeln von Kiefernnadeln.

Klein aber fein! Der Buchsbaumkranz wird mit Zieräpfelchen und angedrahteten roten Holzstückchen herausgeputzt. Die dicken Kerzen sind klassisch rot.

Die Materialien sind klassisch, die Form ist originell: Auf dem kleinen Ilexkranz wurden als Kerzenhalter vier Mini-Tontöpfe befestigt, die mit den roten Beeren gefüllt sind. Liebenswert auf kleinen Tischen.

Hier darf ausnahmsweise jeden zweiten Tag eine Kerze angezündet werden. Ungewöhnlich auch die Basis: Ein kleiner Kranz, ganz dicht mit Zapfenschuppen beklebt. Perlengebündelte Nadeln sorgen für Pepp.

Es muss nicht immer Tanne sein: Hartriegelzweige sind zum Kranz gebunden, dekoriert werden sie mit Filzband, Sternen und gebleichten Zapfen. Passend dazu die schlichten roten Kerzen.

Wandertag für Nikoläuse. Auf dem asymetrisch geschmückten Kranz, der an dicker goldfarbener Kordel aufgehängt wird, ist ganz schön was los. Es gibt ja auch viel zu tun für die Herren im roten Mantel.

Aus eins mach zwei! Der hängende Buchsbaumkranz dient gleichzeitig als Adventskalender. In 24 genähten Samtsternen verbergen sich Überraschungen für jeden Tag im Advent.

Ein klassischer Traum für große Räume. Durch die Mitte des schnörkellosen hängenden Tannenkranzes schimmert ein ganzes Band voller glänzender Christbaumkugeln.

Tischlein deck dich!

Kindlich zum Nikolausabend, traditionell zum Adventskaffee oder edel zum großen Festessen: Mit diesen originellen Ideen für die Tafel, blühend und einfach nachzumachen wird jede weihnachtliche Einladung garantiert ein Erfolg.

So finden die Gäste schnell ihren Platz: In gezuckerten Äpfeln stecken Wasser gefüllte Glasröhrchen mit einer Blüte, das Röhrchen wird von einer dicken Wollumwicklung verhüllt.

Liebevoll geschmückte Serviettenringe verbergen das Röhrchen, das die Blüte frisch hält. Dazu ein paar Zuckerstangen sowie Bänder und Accessoires in Rot, Weiß und Rosa, die sich bestimmt noch in der Nähkiste finden.

Platzkarte mit Vitaminkick. In den leuchtend roten Winterapfel wird mit Draht eine beschriftete Astscheibe gesteckt. Geht blitzschnell, ist sehr gesund und sieht noch dazu klasse aus.

Erkältungsschutz für Messer und Gabel. Ein Streifen roter Filz wird mit Fransen versehen – das wirkt witzig und lässt sich leicht selbst machen. Wer will, kann auch einfach fertiges Fransenband anheften, statt selbst zu knoten und zu knüpfen.

Kleine Lichtidee für die Adventstafel: Stabiler Draht hält Apfel, Astscheibe und Kerze zusammen. Angedrahtete Sterne sind einfach dazwischen geklemmt.

Nicht nur fürs Bratapfelessen. Die Blätter, die an den Zieräpfeln festgeklebt sind, sagen den Gästen, wo sie sitzen. Damit die Früchte nicht wegkullern, wurden sie in Mini-Töpfchen platziert.

TIPP

Nur zum Pflanzen fast zu schade: Einfache Tontöpfe in allen Größen sind ein preiswertes Dekomaterial, probieren Sie's mal aus. Mit Pinsel, Farbe und Blüten sind Ihrer Fantasie kaum Grenzen gesetzt. Drehen Sie sie doch einfach mal um, ziehen ein Band mit Holzperle durch und fertig ist die Mini-Weihnachtsglocke. Sie verschönert Geschenke, kahle Zweige und sogar den Weihnachtsbaum. Oder verwenden Sie die kleinen Töpfe als dekorative Kerzenständer. Dafür den Gefäßen einen Anstrich in Ihrer Lieblingsfarbe verpassen und kleine Stumpenkerzen in einem kontrastierenden Ton einsetzen. Wer will, bindet noch ein Band um den Rand und klemmt einen Tannenzweig darunter.

Was die Bäuche der eiskalten Kerle so üppig macht? Pralinen sorgen für die eindrucksvollen Rundungen. Die Gesichter aus Tonpapier sind mit Schaschlikspießen an den weiß gestrichenen Töpfen festgeklebt.

Leckereien leider nur fürs Auge. Goldene Pralinenkapseln sind mit Gewürznelken gefüllt und mit vergoldeten Nüssen und Blättern geschmückt. Teelichter dazwischen gestellt sorgen für prächtigen Glanz.

Servietten-Mix in Gold und Weiß. Jede Serviette bekommt einen anderen Schmuck aus Bandresten. Einheitlich und edel wirkt es, weil alles in den gleichen Farben dekoriert ist.

Eine runde Sache! Steckschaumkugeln werden mit Bändern in Weiß und Gold umwickelt. Mal sitzen Kerzen darauf, mal Blüten in Glasröhrchen. Für Stand sorgen Kerzenhalter.

It's teatime! Was geht im Advent über ein gemütliches Teestündchen mit köstlichem Selbstgebackenem? Gäste finden ganz stilecht ihren Platz mit einem Namensschildchen, das an ein Holzstäbchen mit Kandiszucker aus dem Teeladen gebunden ist. Eine wunderschöne Idee in letzter Minute.

TIPP

Lieben Sie es natürlich und sinnlich? Dann dürfen Bienenwachswaben mit ihrem sanften Duft in Ihrer Adventsdekoration nicht fehlen. Tollen Baumschmuck oder Geschenkanhänger zaubern Sie blitzschnell, indem Sie mit Plätzchenformen Sterne in allen Größen ausstechen. Angewärmt kann man die Platten ganz leicht formen, zum Beispiel zu Serviettenringen, oder, mit einem Docht in der Mitte, eng zu kleinen Kerzen gerollt.

Sternstunden für eine grüne Leinenserviette: Aus Bienenwachsplatten wurde ein Serviettenring und ein Stern geformt, verziert mit aromatischen Gewürznelken entsteht ein Hingucker, der beim Tea for two – oder auch für mehrere – für Begeisterung sorgt.

Für Tüftler ist solch ein Mikro-Adventskranz genau das Richtige. Das Gestell ist aus dickem Draht zurechtgebogen, die Kerzen sind kleine Dochtstücke, mehrfach durch Wachs gezogen, und der Kranz ist aus Kiefernnadeln und Draht gebunden. Gäste, die solch ein XXS-Exemplar vorfinden, werden fasziniert sein.

Klein aber fein: Eine kleine Geburtstagskerze wurde in einer Pralinenkapsel mit Wachs befestigt und rundum mit Tannennadeln, Zierdraht und Perlchen geschmückt. Die Schokomünze als Untersetzer ist für Leckermäuler auch nicht zu verachten.

Adventskranz en miniature. Vier Kerzen in einer Pralinenkapsel lassen gleich an einen kleinen Adventskranz denken, auch wenn eine Kerze sicher nicht für einen ganzen Sonntag reicht. Glitzerndes Sternchen und eine Minischleife aus Satin sind winziger, liebevoller Schmuck.

Gletscherblau und kristallweiß sind die kühlen, edlen Farben für diesen Tisch. In der Tafelmitte stehen verschieden große Papphren, mit Materialien verkleidet, die an Schnee erinnern. In eingestellten Wasserröhrchen blühen Christrosen, Teelichter erstrahlen in Haltern aus Birkenästen.

TIPP

★ Edel und festlich – wenn Sie für die Festtage den Tisch elegant und in strahlendem Weiß decken wollen, passen die exotischen Blüten der Orchidee perfekt. In Orchideenröhrchen, kleinen Kunsstoffröhrchen mit flexiblem Deckel, lassen sie sich in jeder Dekoration fixieren und bleiben frisch.

★ Als Tischschmuck eignen sich auch gepflanzte Orchideen, deren Topf Ton in Ton ummantelt werden kann. Und die Pflanze macht auch nach dem Fest noch Freude.

Eine florale Kugel in eisigem Weiß verbirgt in ihrer Mitte ein Kunststoffröhrchen mit einer einzelnen Orchideenblüte. Wie ein Briefbeschwerer liegt beides auf der Menükarte, die auch den Namen des Gastes trägt.

Weil Eisblumen zu schnell schmelzen würden, schmückt diese Variante aus weißer Häkelspitze die Damastserviette. Auf einem hellgrauen Band hebt sich das weiße Spitzenmuster besonders gut ab.

So weiß jeder, auf welche Köstlichkeiten er sich freuen kann: Das Festtagsmenü wurde auf Pergaminpapier geschrieben und um ein schlichtes Glas geklebt, in dessen Mitte eine weiße Christrose erblüht.

Schneebälle auf der Weihnachtstafel. Steckschaumkugeln werden mit Tillandsien und graugrünen Blättern umhüllt, dazwischen liegen Kerzen in Schneeballoptik und silberne Christbaumkugeln, die als Vasen für Christrosen dienen.

Fast so festlich wie die große Prachttanne im Hintergrund. Der Tischschmuck besteht aus Steckschaumkegeln, die mit Koniferengrün, Bändern und Draht umwickelt wurden und in deren Spitze Kerzen oder eine einzelne Callablüte befestigt wurden.

Schmücken ist Silber ... Ein mit Silber veredeltes Blatt ziert die Tischkarte in edlem Flieder, die, natürlich, in Silber beschriftet ist. Auf dem gläsernen Teller ist die Wirkung besonders leicht und elegant, perfekt für den festlichen Anlass.

Edel, schlicht und wirkungsvoll, so wird auch die Damastserviette am Heiligen Abend perfekt in Szene gesetzt! Ein einfaches Kränzchen aus Tannengrün hält die Serviette zusammen. Mit Silberdraht wurde ein echtes Blatt und ein silberfarbenes Dekoblatt an dem Kranz befestigt.

Oh Tannenbaum ...

Wenn das Glöckchen zur Bescherung ruft, die Kerzen leuchten und Kinderaugen strahlen, hat er seinen großen Auftritt: Der Weihnachtsbaum ist das schönste und prächtigste Symbol des Festes. Bei unseren Dekovorschlägen ist für jeden ein Traumbaum dabei!

Traditionell mit Kick – die Kiefer mit ihrer natürlichen Wirkung ist mit klassisch roten Kugeln geschmückt. Absoluter Hingucker sind die überdimensionalen Sterne aus Birkenrinde, die in der Mitte des Baumes platziert wurden. Dazu passen Strohsterne und echte Kerzen, die für besonders festliche Atmosphäre sorgen.

Fast wie bei der Waldweihnacht: An der Kiefer fallen vor allem die echten großen Zapfen auf, die durch Schneespray frostig glitzern. Matt schimmernde Kugeln in verschiedenen Oliv- und Grautönen unterstreichen die dezente aber raffinierte Wirkung des Weihnachtsbaumes.

Ein Baum für kleine und große Naschkatzen. Duftende Pfefferkuchen mit Zuckergusskringeln verziert, süße Zuckerstangen, Kränzchen aus Erdnüssen: Da muss man schon aufpassen, dass die buschige Kiefer nicht auf einmal ganz ungeschmückt da steht. Der Tannenbaumständer wird von einem rustikalen Korb kaschiert.

TIPP

Da können Schleckermäuler nicht widerstehen: Verschenken Sie doch mal ein kleines Bäumchen voller Süßigkeiten! Rot-weiß gestreifte Zuckerstangen, Fondantkringel, Schokoladenkränze mit kleinen Zuckerperlchen und Selbstgebackenes mit Loch werden mit rotem und weißem Band an einer Minitanne befestigt. Dekorieren Sie noch eine Lichterkette in den Zweigen und der Baum macht dem Beschenkten zweimal Spaß: Beim Anschauen und beim Naschen!

Einfach märchenhaft! Vom stolzen Nussknacker über den Nikolaus bis zum Holzpferd hat jede der liebevoll bemalten Figuren an dieser Nordmanntanne eine Geschichte zu erzählen. Kombiniert sind die Miniaturspielzeuge mit Filzsternen, großen Lebkuchen und weißen Kugeln. Dazwischen leuchten rote Ilexbeeren.

Gerade und elegant ist die Nordmanntanne gewachsen, diese Wirkung unterstreicht der Schmuck in edlem Silber. Echte Hingucker sind die Kugeln im XXL-Format, die das Licht der echten Kerzen wiederspiegeln. Ein Baum, der mit wenigen Accessoires sehr festlich und effektvoll am Heiligen Abend die Blicke auf sich zieht.

Wer eine klassische Tanne langweilig findet, stößt zum Fest unter einer ausgefallenen Zeder an, die sich in ihrem silberfarbenen Topf nach den Feiertagen auf der Terrasse wohl fühlt. Genauso ausgefallen wie der Baum ist auch der Schmuck: Breites Chiffonband, glitzernde Glasdekorationen und riesige Silberzapfen geben den frostigen Ton an.

Modefarben am Baum – das macht Eindruck! Warmes Schokoladenbraun in der Kombination mit Türkis und knallig frischem Grün ist ungewöhnlich aber wirkungsvoll. Weiche Filzsterne und Kugeln, uni und gemustert, schmücken die Nordmanntanne. Besonders schön, wenn sich die Farben in der Einrichtung oder in Accessoires wiederfinden.

TIPP

Lieben Sie schöne Weihnachtspäckchen? Dann nutzen Sie sie doch mal als Dekoration in den letzten Adventstagen! Verwenden Sie zum Einpacken die gleichen Farben und Materialien, mit denen auch der Baum geschmückt wird, und freuen Sie sich schon ein paar Tage vor dem Fest an einem Korb voller Pakete. Unter dem Baum kommen Sie dann direkt vor der Bescherung noch mal so richtig zur Geltung, bevor die Spannung übergroß wird und Sie sich über den Inhalt freuen.

Wie grün sind deine Blätter ... An dieser Tanne sind nicht nur die „Blätter" sondern auch der Schmuck grün. Am auffälligsten ist eine Bahn lindgrüner Organzastoff, die sich durchs Geäst zieht. Dazu passen kleine gefüllte Organzasäckchen, goldene Akzente sowie Väschen mit einzelnen Christrosenblüten.

Herausgeber BLOOM's GmbH

Floristische Leitung Klaus Wagener

Floristik und Styling Team 'profil floral'

Redaktion Susanne Mansfeld, Karen Meier-Ebert

Text Susanne Mansfeld, Karen Meier-Ebert

Fotos Patrick Pantze – Werbefotografie GmbH, Lage

Grafik Design Mandy Schubert

DTP Gordian Jenal

Druck Egedsa, Sabadell (E)

Klaus Wagener ist als Fernsehflorist und bisher einziger Deutscher, der den Titel „Weltmeister der Floristen" errungen hat, einer breiten Öffentlichkeit bekannt. Dank seiner Kreativität und seine Begeisterung für das Gestalten mit Blumen und Pflanzen entwickelt er Jahr für Jahr neue floristische Ideen, die jeden Raum schöner machen – natürlich auch in der Weihnachtszeit. Die verbringt er am liebsten mit seiner Familie in seinem Zuhause in Porta Westfalica.

©**2009 Eugen Ulmer KG**
Wollgrasweg 41, 70599 Stuttgart (Hohenheim)
E-Mail: info@ulmer.de
www.ulmer.de

Das Werk ist urheberrechtlich geschützt. Jede Verwertung ist ohne Zustimmung des Verlages oder des Herausgebers unzulässig und strafbar. Das gilt insbesondere für Vervielfältigungen, Übersetzungen, Mikroverfilmungen sowie die Einspeicherung und Verarbeitung in elektronischen Systemen.

2. Auflage 2010
ISBN-978-3-8001-6985-6

Susanne Mansfeld schreibt als Redakteurin des Lifestyle-Magazins BLOOM's über die neuesten Dekotrends und begeistert die Leserinnen immer wieder aufs Neue für das Gestalten mit Blüten. Die Literaturwissenschaftlerin lebt mit ihrer Familie bei Düsseldorf. Die Adventszeit und das Weihnachtsfest sind für sie die schönsten Wochen im Jahr, dann kann sie ihre Leidenschaft fürs Dekorieren richtig ausleben.

Lust auf noch mehr Dekoideen?

Weitere Bücher aus unserer BLOOM's-Reihe:

333 Ideen zum Dekorieren & Schenken Eine wahre Fundgrube voller Anregungen vom netten Mitbringsel über Pflanzideen bis zur Tischdeko mit Blüten. *Von Klaus Wagener und Susanne Mansfeld, 196 Seiten, Format 20 x 20 cm, Klappbroschur,* **14,90 Euro.** ISBN 978-3-8001-5937-6

333 Ideen für Balkon & Terasse Auch für die kleinste Oase: Hier finden Blumenfans Anregungen für bunten Outdoor-Blütenspaß in jeder Jahreszeit. *Von Klaus Wagener und Susanne Vollrath, 200 Seiten, Format 20 x 20 cm, Klappbroschur,* **14,90 Euro.** ISBN 978-3-8001-6751-7

555 Dekoideen mit Blumen und Pflanzen Eine schier unendliche Ideenvielfalt für alle, die viel Spaß am unkomplizierten Dekorieren und am Gestalten mit Blumen haben. *Von Klaus Wagener, 288 Seiten, Format 20 x 20 cm, Klappbroschur,* **14,90 Euro.** ISBN 978-3-8001-5185-1